Cuisine et Vins *de France*

Foie gras

40 recettes simples et exquises

Éditions marie claire

Sommaire

Club sandwich de foie gras et de reinette

UN PEU DÉLICAT ET UN PEU CHER

Préparation : 30 min | Cuisson : 25 min

1 Épluchez les radis. Râpez-en un à la grille fine, coupez l'autre en tranches très minces. Réservez-les. Pelez les pommes, éliminez le cœur à l'aide d'un vide-pomme, puis coupez-les en rondelles de 1 cm d'épaisseur.

2 Faites chauffer le beurre dans une poêle et mettez-y à cuire les pommes, jusqu'à ce qu'elles soient un peu caramélisées et tendres (environ 10 min). Salez et poivrez.

3 Faites chauffer l'huile dans une sauteuse et mettez le radis râpé à frire. Égouttez dès qu'il est doré, salez, poivrez. Dans une autre sauteuse, mettez le miel et 1 cuillerée à soupe d'eau. À ébullition, mettez-y à confire le radis en rondelles pendant 10 min.

4 Coupez le foie gras en 8 tranches régulières, farinez-les légèrement et mettez-les dans une poêle antiadhésive bien chaude 2 min sur chaque face. Salez, poivrez, égouttez.

5 Superposez dans 4 assiettes les rondelles de pomme, de radis confit et de foie gras. Terminez par un buisson de radis râpé et maintenez avec des piques. Le foie gras va rendre un peu de graisse, déglacez-la avec le balsamique et servez aussitôt.

INGRÉDIENTS POUR 4 PERSONNES

1 foie gras de canard cru de 600 g | 4 pommes reinettes | 2 radis noirs | 3 cuil. à soupe de miel | 50 g de beurre | 1 cuil. à soupe de vinaigre balsamique | sel | poivre | 1 cuil. à soupe de farine | huile pour friture

LE BON ACCORD VIN

Un bordeaux rouge ou un sauternes

Sandwichs au foie gras

FACILE ET ABORDABLE

Préparation : 15 min | Cuisson : 25 min

1 Pelez et émincez les oignons. Mettez-les dans une casserole, ajoutez le vinaigre de vin et la liqueur de cassis. Mélangez et portez à ébullition puis réglez le feu pour que le liquide frémisse. Laissez compoter environ 20 min en remuant de temps en temps, jusqu'à ce qu'il n'y ait plus du tout de liquide.

2 Pendant ce temps, ôtez la croûte du pain et toastez les tranches, puis coupez-les en triangles. Coupez le foie cru en 8 fines escalopes égales. Posez-les dans une poêle chaude, comptez environ 1 min de cuisson par face. Égouttez-les sur du papier absorbant, salez-les et poivrez-les.

3 Dans un saladier, préparez une vinaigrette avec le sel, le poivre, le vinaigre balsamique et l'huile. Ajoutez la roquette, remuez. Tartinez 8 triangles de pain de confiture d'oignons, posez le foie dessus, couvrez de roquette et posez dessus les 8 autres triangles de pain. Servez à température ambiante.

INGRÉDIENTS POUR 4 PERSONNES

300 g de foie gras cru | 8 grandes tranches de pain de mie complet | 50 g de roquette | 4 oignons | 10 cl de liqueur de cassis | 15 cl de vinaigre de vin | 1 cuil. à soupe de vinaigre balsamique | 2 cuil. à soupe d'huile | sel | poivre du moulin

LE BON ACCORD VIN

Un meursault ou un puligny-montrachet, blancs (vins de Bourgogne)

Crostini de pain d'épice au foie gras

UN PEU CHER MAIS FACILE

Préparation : 20 min | Cuisson : 15 min

1 Coupez le foie gras en 6 tranches de même épaisseur. Réservez-les au frais. Brossez le citron et l'orange, prélevez leurs zestes et rapez-les finement. Pressez les agrumes pour en extraire le jus. Plongez les zestes 1 min dans une petite casserole d'eau bouillante, puis égouttez-les.

2 Faites un caramel avec le sucre dans une casserole à fond épais (sans ajouter d'eau) sur feu moyen. Dès qu'il devient roux, versez le vinaigre et le jus de fruits en prenant garde aux projections. Mettez-y les zestes à cuire, jusqu'à ce que le caramel devienne sirupeux (environ 5 min).

3 Saupoudrez de farine les tranches de foie, retirez l'excédent à l'aide d'un pinceau. Toastez les tranches de pain d'épice. Faites chauffer une poêle antiadhésive sur feu vif. Mettez les tranches de foie à cuire 1 min et demie de chaque côté. Salez et poivrez. Déposez-les sur les tranches de pain d'épice et nappez-les de caramel aux zestes. Servez aussitôt.

LE CONSEIL DE CVF

Vous pouvez agrémenter ces crostini avec des dés de pomme caramélisés et parfumés à la cannelle.

INGRÉDIENTS POUR 6 PERSONNES

1 foie gras de canard cru de 600 g | 6 tranches de pain d'épice | ½ orange et ½ citron non traités | 200 g de sucre | 1 cuil. à soupe de vinaigre de vin | 1 cuil. à soupe de farine | sel | poivre

LE BON ACCORD VIN

Un banyuls (vin doux naturel du Roussillon)

Terrine de foie gras grillé

ASSEZ FACILE ET ABORDABLE

Préparation : 40 min | Cuisson : 10 min | Repos : 1 h + 6 h + 3 jours

1 Sortez le foie du réfrigérateur à l'avance, pour qu'il soit à température ambiante. Coupez-le en tranches de 2 cm d'épaisseur. Mettez-les dans un plat creux. Dans un bol, mélangez le porto, le cognac et le poivre. Faites-y dissoudre le sel et le sucre, puis versez sur le foie gras. Mélangez délicatement, couvrez de film étirable et laissez mariner 1 h à température ambiante.

2 Passé ce temps, tapissez de film étirable un moule à cake (en métal ou verre) d'environ 22 cm de longueur. Faites un peu chauffer une poêle antiadhésive. Saisissez-y les tranches de foie égouttées (réservez la marinade). Comptez 1 min de cuisson à feu doux par face. Au fur et à mesure, posez les tranches de foie grillées dans le moule.

3 Filtrez la graisse contenue dans la poêle et réservez-la. Déglacez la poêle sur feu moyen avec la marinade et laissez réduire jusqu'à ce qu'il ne reste plus qu'une cuillerée à soupe de liquide sirupeux. Versez-le sur les tranches de foie.

4 Mettez le foie sous presse (avec une planchette et des boîtes de conserve par exemple) au frais pendant 6 h. Passé ce temps, faites fondre la graisse réservée, versez-la sur le foie. Couvrez hermétiquement de film étirable et laissez 3 à 7 jours au frais avant de déguster.

INGRÉDIENTS POUR 8 PERSONNES

1 kg de foie gras de canard cru déveiné | 15 cl de porto rouge | 5 cl de cognac | 12 g de sel fin | 2 g de poivre blanc | 4 g de sucre

LE BON ACCORD VIN

Un collioure blanc (vin du Roussillon)

Terrine de foie gras aux cèpes et aux noix

UN PEU DÉLICAT ET UN PEU CHER

Préparation : 40 min | Marinade : 2h | Cuisson : 1h | Repos : 24h

1 Sortez les foies gras du réfrigérateur 30 min à l'avance. Séparez les lobes et dénervez-les à l'aide d'un petit couteau pointu. Posez-les dans un plat creux. Salez et poivrez, ajoutez le sauternes et l'armagnac. Couvrez hermétiquement de film alimentaire et laissez mariner au moins 2h au réfrigérateur.

2 Torréfiez les cerneaux de noix 2 min à sec dans une poêle sur feu moyen, laissez-les refroidir sur du papier absorbant puis concassez-les grossièrement. Épluchez et émincez les échalotes. Faites chauffer une poêle antiadhésive, faites-y cuire 10 min les cèpes surgelés avec les échalotes. Salez, poivrez.

3 Hors du feu, ajoutez l'huile et les cerneaux. Mélangez puis hachez grossièrement l'ensemble au couteau. Laissez refroidir. Préchauffez le four à th. 5 (150 °C), glissez dedans un plat à demi rempli d'eau pour préparer un bain-marie. Égouttez les foies gras. Disposez 2 lobes au fond d'une terrine, tassez bien.

4 Étalez par-dessus la farce aux cèpes. Recouvrez avec les 2 autres lobes, tassez à nouveau. Couvrez la terrine de papier aluminium et mettez-la dans le bain-marie dont l'eau ne doit pas dépasser 70 °C. Laissez cuire 50 min.

5 Sortez la terrine du four, retirez un peu de graisse sur le dessus. Posez une planchette surmontée d'un poids sur le foie et laissez refroidir. Mettez ensuite au frais au moins 24h.

INGRÉDIENTS POUR 8 PERSONNES

2 foies gras de canard crus de 400 g chacun | 600 g de cèpes émincés surgelés | 2 échalotes | 50 g de cerneaux de noix | 4 cuil. à soupe de vin liquoreux (type sauternes) | 2 cuil. à soupe d'armagnac | 1 cuil. à soupe d'huile de noix | 12 g de sel fin | poivre du moulin

LE BON ACCORD VIN

Un barsac (liquoreux du Bordelais)

Pâté de foie gras à la strasbourgeoise

UN PEU DÉLICAT ET UN PEU CHER

Préparation : 30 min | Cuisson : 45 min | Réfrigération : 12 h + 12 h

1 La veille, mélangez les épices, le sel et le poivre dans une coupelle. Dénervez le foie, mettez-le dans une terrine avec le kirsch, le cognac, le madère et le tiers du mélange d'épices. Couvrez et laissez mariner 12 h au frais.

2 Le jour même, hachez finement le veau et le porc, mélangez-les au reste des épices, au jus de la marinade et à l'huile. Coupez la truffe en fines lamelles. Allumez le four à th. 6 (180 °C).

3 Étalez la pâte sur ½ cm d'épaisseur et posez au centre la moitié du mélange de viandes hachées, mettez dessus le foie gras entier et répartissez les lamelles de truffe. Couvrez avec le reste du mélange de viandes, tassez.

4 Rabattez les bords de la pâte, soudez-les en les pinçant et pratiquez une cheminée au centre. Délayez le jaune d'œuf avec un peu d'eau et badigeonnez-en la pâte. Enfournez pour 45 min.

5 Au bout de ce temps, sortez le pâté du four et laissez refroidir au moins 30 min. Versez alors la gelée liquide (préparée selon les indications du paquet) par la cheminée et laissez 12 h au frais. Servez le pâté froid (mais non glacé), avec une salade.

INGRÉDIENTS POUR 6 À 8 PERSONNES

350 g de pâte brisée | 1 foie gras de canard cru de 500 g | 250 g de filet de porc | 250 g de filet de veau | 50 g de truffe | 10 cl de madère | 10 cl de cognac | 5 cl de kirsch | 1 œuf | 1 cuil. à soupe d'huile d'olive | 1 sachet de gelée | 2 pincées de noix muscade | 2 pincées de clous de girofle moulus | 20 g de sel | 4 pincées de poivre moulu

LE BON ACCORD VIN : un maury

Foie gras en croûte, gelée de sauternes

UN PEU DÉLICAT ET ABORDABLE

Préparation : 30 min | Cuisson : 45 min | Réfrigération : 24 h + 24 h

1 Préchauffez le four à th. 6 (180 °C). Beurrez un moule à cake (de préférence démontable à charnières) et tapissez-le de papier sulfurisé également beurré. Préparez la pâte : faites chauffer 25 cl d'eau et le saindoux coupé en morceaux avec 2 pincées de sel dans une petite casserole. Mettez la farine dans une jatte, creusez un puits au centre, versez le saindoux fondu en remuant avec une cuillère en bois jusqu'à ce que vous obteniez une boule. Mettez au frais 15 min.

2 Étalez la pâte sur le plan de travail fariné et garnissez-en le fond et les parois du moule. Coupez le surplus et réservez-le. Dans le moule, recouvrez la pâte avec les bardes de lard. Salez et poivrez les foies gras à l'intérieur et à l'extérieur (comptez 15 g de sel et 3 g de poivre par kilo de foie). Disposez-les ensuite dans le moule en les tassant bien.

3 Avec le reste de pâte, confectionnez un couvercle, découpez quelques éléments de décor dans les chutes et appliquez-les sur le couvercle en les collant avec un peu de jaune d'œuf délayé dans de l'eau et badigeonnez la surface à l'aide d'un pinceau.

4 Posez le couvercle de pâte sur le moule en appuyant sur tout le tour avec une fourchette pour souder les bords, pratiquez une cheminée au milieu du couvercle et maintenez-la avec un bristol roulé. Enfournez pour 45 min. Retirez la terrine du four et laissez-la refroidir 24 h.

5 Le lendemain, préparez la gelée (comme indiqué sur le sachet), mais n'utilisez que 50 cl d'eau et ajoutez le sauternes à la fin. Laissez refroidir. Coulez la gelée encore liquide par la cheminée et laissez au réfrigérateur jusqu'au lendemain.

INGRÉDIENTS POUR 6 À 8 PERSONNES

Pour la pâte : 500 g de farine | 175 g de saindoux | 1 jaune d'œuf | 40 g de beurre pour le moule | Pour la garniture : 2 foies gras de canard crus, dénervés, de 400 g chacun | 300 g de fines bardes de lard | sel | poivre | Pour la gelée : 2 sachets de gelée en poudre (type Maggi) | 25 cl de sauternes

LE BON ACCORD VIN

Un sauternes

Terrine de foie gras aux poires

ASSEZ FACILE ET ABORDABLE

Préparation : 30 min | Cuisson : 20 min | Repos : 12 h

1 Pelez, épépinez et coupez les poires en quartiers d'environ 1 cm d'épaisseur. Arrosez-les de jus de citron au fur et à mesure pour qu'elles ne noircissent pas. Égouttez-les et faites-les cuire à feu doux dans une casserole avec le beurre, 15 min environ.

2 Coupez les lobes de foie gras de canard dans leur longueur en trois escalopes. Poêlez ces escalopes à sec 1 min et demie sur chaque face, puis posez-les sur une assiette. Filtrez la graisse de cuisson pour ôter toutes les impuretés et réservez-la.

3 Montez la terrine : posez dans le fond une couche de foie gras poêlé. Salez, poivrez et couvrez de poires. Répétez l'opération jusqu'à épuisement des ingrédients. Terminez la terrine par une dernière couche de foie gras. Laissez reposer 30 min, puis couvrez la terrine d'un film alimentaire.

4 Posez une planchette de bois sur la terrine avec un poids dessus et placez le tout au réfrigérateur. Six heures plus tard au minimum, faites fondre doucement la graisse de canard réservée.

5 Ôtez la planchette et le film alimentaire, nettoyez le gras qui aura débordé de la terrine et couvrez de graisse. Posez le couvercle, emballez dans un film et réservez au réfrigérateur 6 h au moins. Sortez la terrine une heure avant de la déguster, accompagnée de tranches de pain brioché toasté.

INGRÉDIENTS POUR 6 À 8 PERSONNES

2 foies gras de canard crus, dénervés, de 400 g chacun | 8 poires Doyenné du Comice | 10 g de fleur de sel | 5 g de poivre | 30 g de beurre | le jus de 1 citron

LE BON ACCORD VIN

Un gewurztraminer vendanges tardives

Pressé de foie gras et truite fumée

ASSEZ FACILE ET UN PEU CHER

Préparation : 30 min | Cuisson : 40 min | Réfrigération : 12 h

1 Pelez les poires, coupez-les en deux, épépinez-les puis mettez-les dans une casserole avec le porto, sur feu doux. Laissez frémir 40 min.

2 Pendant ce temps, nettoyez et émincez les champignons. Faites-les sauter à la poêle avec l'huile d'olive. Coupez le foie gras en fines tranches.

3 Égouttez les poires, et laissez le porto réduire à consistance sirupeuse. Réservez-le. Coupez les poires refroidies en lamelles.

4 Tapissez de film alimentaire un moule à cake en aluminium jetable, de 18 x 8 cm. Montez la terrine en alternant le foie gras, la truite, les champignons et les lamelles de poires, jusqu'à épuisement des ingrédients.

5 Couvrez la terrine de film alimentaire, posez une planchette surmontée d'un poids et mettez au frais pendant au moins 12 h.

6 Pour servir, coupez le pressé de foie en tranches, disposez-les sur des assiettes et décorez avec des gouttes de porto réduit.

INGRÉDIENTS POUR 6 PERSONNES

350 g de foie gras mi-cuit | 2 poires | 150 g de fines tranches de truite fumée | 100 g de champignons de Paris | 25 cl de porto | 1 cuil. à soupe d'huile d'olive

LE BON ACCORD VIN

Un condrieu (blanc de la vallée du Rhône)

Foie gras pané aux noix et noisettes

FACILE ET ABORDABLE

Préparation : 30 min | Cuisson : 10 min

1 Faites torréfier à sec les noix dans une poêle durant 5 min environ. Faites de même pour les noisettes. Laissez refroidir séparément. Pendant ce temps, faites réduire le vinaigre de moitié sur feu moyen. Laissez refroidir.

2 Frottez les noisettes dans vos mains pour les peler. Mixez-les avec les noix pour obtenir une fine chapelure. Dans un bol, mélangez les 2 huiles, la réduction de vinaigre, du sel et du poivre.

3 Pelez le céleri, lavez-le et détaillez-le en fines lamelles. Citronnez-les et faites-les cuire à l'eau bouillante salée 3 à 4 min, elles doivent rester un peu croquantes. Rincez-les sous l'eau froide, égouttez-les. Réservez sous du film alimentaire.

4 Détaillez le foie en 12 escalopes de 1 cm d'épaisseur. Salez-les et poivrez-les. Battez l'œuf dans une assiette creuse, versez la farine dans une assiette plate et la « chapelure » dans une autre.

5 Passez les escalopes de foie dans la farine, puis dans l'œuf battu et dans la « chapelure ». Faites cuire sur feu vif dans une poêle antiadhésive 1 min de chaque côté.

6 Répartissez les lamelles de céleri dans 6 assiettes, nappez-les de vinaigrette. Déposez les escalopes de foie gras chaudes sur le dessus et parsemez de ciboulette ciselée. Servez aussitôt.

INGRÉDIENTS POUR 6 PERSONNES

400 g de foie gras de canard cru | 200 g de céleri-rave | 80 g de noisettes décortiquées | 80 g de cerneaux de noix | le jus de 1 citron | 1 œuf | 50 g de farine | 10 cl de vinaigre balsamique | 1 cuil. à soupe d'huile de noisette ou de noix | 1 cuil. à soupe d'huile neutre | 6 brins de ciboulette | sel | poivre

LE BON ACCORD VIN

Un loupiac (bordeaux moelleux)

Foie gras poêlé à l'aigre-doux de pomme

ASSEZ FACILE ET ABORDABLE

Préparation : 35 min | Cuisson : 20 min

1 Séparez les lobes du foie et, à l'aide d'un petit couteau pointu, éliminez les plus gros nerfs, en prenant soin de ne pas trop abîmer le foie. Coupez-le en tranches d'environ 3 cm d'épaisseur. Réservez-les au réfrigérateur.

2 Versez le sucre et 10 cl d'eau dans une casserole à fond épais, portez à ébullition sans remuer, et laissez un caramel commencer à se former. Dès qu'il blondit, versez le jus de pomme et le vinaigre (attention aux projections, protégez vos mains).

3 Fendez la gousse de vanille et grattez les graines noires qu'elle contient au-dessus de la casserole. Remuez et laissez mijoter 10 min. Lavez et essuyez la pomme. Coupez-la sans la peler en tout petits bâtonnets, arrosez-les de jus de citron et réservez.

4 Faites chauffer une poêle à fond épais et saisissez-y les escalopes de foie 30 s par face à feu très vif. Retirez-les de la poêle avec une écumoire, videz et essuyez la poêle. Remettez les escalopes à cuire à feu moyen 1 min par face. Salez-les et poivrez-les.

5 Disposez les escalopes dans des assiettes de service préchauffées, décorez-les de petits dômes de bâtonnets de pomme, entourez-les d'un cordon de sauce aigre-douce et servez aussitôt.

INGRÉDIENTS POUR 6 PERSONNES

1 foie gras de canard cru de 500 g | 30 cl de jus de pomme | 1 pomme Granny-Smith | le jus de ½ citron | 2 cuil. à soupe de vinaigre blanc | 150 g de sucre | 1 gousse de vanille | sel | poivre du moulin

LE BON ACCORD VIN

Un bourgogne blanc

Escalopes de foie gras poêlées aux mangues

UN PEU CHER MAIS ASSEZ FACILE

Préparation : 20 min | Cuisson : 10 min

1 Pelez les mangues et détaillez-les en lamelles autour du noyau (éliminez celui-ci). Faites griller le pain d'épice, laissez-le refroidir, puis réduisez-le en chapelure (au robot ou à l'aide d'un rouleau à pâtisserie). Coupez le foie gras décongelé en 4 escalopes épaisses et régulières.

2 Faites fondre le beurre dans une poêle et mettez les lamelles de mangue à dorer à feu moyen, en les retournant de temps en temps avec une spatule, pendant une dizaine de minutes.

3 Salez et poivrez les escalopes de foie gras. Faites chauffer une autre poêle antiadhésive et mettez à cuire les escalopes 1 min par face à feu assez vif. Saupoudrez ensuite les escalopes de chapelure de pain d'épice sur les deux faces en appuyant pour la faire adhérer.

4 Disposez les lamelles de mangue bien dorées dans un plat, puis déglacez leur poêle de cuisson avec le vinaigre en grattant les sucs. Versez cette sauce sur les mangues. Disposez les escalopes de foie gras à côté des mangues et servez aussitôt.

INGRÉDIENTS POUR 4 PERSONNES

1 lobe de foie gras cru dénervé (type Picard) décongelé de 400 g | 2 mangues pas trop mûres | 4 tranches de pain d'épice | 20 g de beurre | 2 cuil. à soupe de vinaigre de vin | sel | poivre

LE BON ACCORD VIN

Un jurançon (moelleux du Sud-Ouest)

Foie gras en croûte de noisette

FACILE ET ABORDABLE

Préparation : 40 min | Cuisson : 35 min

1 Lavez l'orange, prélevez finement son zeste et taillez-le en filaments. Faites-les blanchir 3 fois de suite 3 min à l'eau bouillante. Réservez-les. Pelez les légumes et coupez-les en dés.

2 Dans un faitout, faites bouillir 2 l d'eau avec les tablettes de bouillon. Plongez-y le céleri. Au bout de 6 min, ajoutez les panais et les topinambours et poursuivez la cuisson 6 min. Égouttez, puis réservez ces légumes.

3 Pelez la betterave et coupez-la en 4. Dans une casserole, faites légèrement colorer le miel à feu doux, versez le vin et le vinaigre, laissez réduire de moitié. Ajoutez alors 10 cl d'eau, le fond de veau et la betterave, mélangez. Faites encore réduire de moitié. Filtrez, remettez la sauce dans la casserole et incorporez en fouettant le beurre coupé en dés. Tenez au chaud.

4 Préchauffez le four à th. 6 (180 °C). Dans une sauteuse, faites rouler les légumes dans un peu de sauce au banyuls. Salez et poivrez les escalopes de foie gras. Faites-les saisir 1 min par face dans une poêle puis terminez la cuisson 3 min au four.

5 Torréfiez les noisettes dans une poêle antiadhésive. Mixez-les en chapelure. Recouvrez-en les escalopes. Dressez-les sur des assiettes, décorez de zestes, répartissez les légumes et nappez du reste de sauce.

INGRÉDIENTS POUR 4 PERSONNES

4 escalopes de foie gras cru (100 g pièce) | 100 g de panais | 100 g de céleri-boule | 100 g de topinambours | 1 orange bio | 30 g de miel d'acacia | 20 g de noisettes | 80 g de betterave crue | 20 cl de vin doux naturel de Banyuls | 15 cl de vinaigre de Banyuls | 1 cuil. à soupe de fond de veau en poudre | 2 tablettes de bouillon de volaille | 60 g de beurre | sel | poivre

LE BON ACCORD VIN

Un banyuls (vin doux naturel du Roussillon)

Foie gras comme un rôti

ASSEZ FACILE ET ABORDABLE

Préparation : 20 min | Cuisson : 40 min

1 Dénervez le foie gras : écartez délicatement les deux lobes, retirez le fiel et les plus grosses veines à l'aide d'un couteau pointu. Poivrez l'intérieur et toutes les faces. Refermez le foie, emballez-le dans du film alimentaire et mettez 5 min au congélateur.

2 Lavez et essuyez les pommes de terre sans les peler. Faites fondre la graisse de canard dans une sauteuse à fond épais, ajoutez les pommes de terre et les gousses d'ail en chemise (non pelées). Salez, poivrez et faites rissoler à feu moyen 40 min.

3 Vingt minutes avant la fin de la cuisson des pommes de terre, faites chauffer une petite cocotte en fonte sans matière grasse. Quand elle est bien chaude, mettez-y le foie à dorer de tous côtés, puis baissez le feu et laissez cuire doucement 15 min.

4 Laissez le foie reposer dans sa graisse 5 min hors du feu. Égouttez-le, dressez-le dans un plat, salez-le au gros sel. Entourez des pommes de terre et des gousses d'ail et servez aussitôt.

INGRÉDIENTS POUR 4 PERSONNES

1 foie gras de canard cru de 500 g | gros sel | poivre | Pour accompagner : 800 g de petites pommes de terre | 8 gousses d'ail | 3 cuil. à soupe de graisse de canard | sel

LE BON ACCORD VIN

Un pomerol (rouge du Libournais)

Chantilly de foie gras aux mouillettes de pain d'épice

FACILE ET BON MARCHÉ

Préparation : 20 min | Réfrigération : 3 h

1 Sortez le foie gras de sa boîte et le beurre de son emballage, laissez-les s'assouplir à température ambiante.

2 Fouettez la crème très froide en chantilly ferme. Salez et poivrez. Écrasez le foie gras et le beurre à la fourchette pour obtenir une pâte lisse. Incorporez délicatement ce mélange à la chantilly.

3 Répartissez la préparation dans des verres et placez-les au frais au moins 3 h. Servez avec du pain d'épice toasté.

INGRÉDIENTS POUR 6 PERSONNES

200 g de bloc de foie gras en boîte | 6 tranches de pain d'épice | 30 cl de crème liquide très froide | 40 g de beurre | sel | poivre

LE BON ACCORD VIN

Un champagne

Crème brûlée au foie gras et au pavot

ASSEZ FACILE ET UN PEU CHER

Préparation : 20 min | Repos : 6 h | Cuisson : 20 min

1 Commencez la préparation au moins 6 h à l'avance : préchauffez le four à th. 4-5 (130 °C). Coupez les 2 sortes de foie gras en dés, mettez-les dans un saladier.

2 Faites bouillir ensemble le lait et la crème, versez le mélange bouillant sur les foies en remuant. Émulsionnez la préparation avec un mixeur-plongeant. Salez, poivrez, ajoutez le cognac et les jaunes d'œufs, mélangez bien avec un fouet à main.

3 Répartissez le mélange précédent dans des assiettes creuses (supportant la chaleur) sur ½ cm d'épaisseur. Enfournez pour 20 min. Au bout de ce temps, retirez les assiettes du four. Laissez refroidir puis mettez au réfrigérateur au moins 6 h.

4 Cinq minutes avant de servir, saupoudrez les assiettes de sucre et faites rapidement caraméliser le dessus (à l'aide d'un chalumeau à crème brûlée). Parsemez de graines de pavot et servez.

INGRÉDIENTS POUR 8 PERSONNES

50 g de foie gras mi-cuit | 50 g de foie gras cru | 25 cl de crème liquide | 25 cl de lait | 2 jaunes d'œufs | 1 cuil. à café de cognac | 2 cuil. à soupe de sucre brun en poudre | 2 cuil. à soupe de graines de pavot | sel | poivre

LE BON ACCORD VIN

Un cognac

Crème de cocos au foie gras

TRÈS FACILE ET ABORDABLE

Trempage : 12 h | Préparation : 15 min | Cuisson : 2 h

1 Mettez les haricots à tremper 12 h dans une grande quantité d'eau froide. Passé ce temps, égouttez-les, mettez-les dans un faitout avec 2 l d'eau froide et le bouquet garni. Portez à ébullition, écumez puis laissez frémir 2 h. Salez à mi-cuisson.

2 Préparez un bouillon avec les tablettes et 1,5 l d'eau très chaude. Égouttez les haricots, retirez le bouquet garni, versez-les dans la casserole de bouillon, ajoutez la crème liquide, poivrez, mixez (à l'aide d'un mixeur-plongeant) pour obtenir une texture crémeuse. Maintenez au chaud sur feu très doux.

3 Détaillez le foie gras en cubes, faites-les poêler 1 min, sur feu vif. Pour servir, répartissez la crème de cocos dans des assiettes creuses ou des bols. Disposez dessus les dés de foie gras poêlés et décorez de pluches de cerfeuil. Servez aussitôt.

LE CONSEIL DE CVF

Vous pouvez utiliser des haricots blancs au naturel en boîte. Égouttez-les, puis versez-les dans le bouillon.

INGRÉDIENTS POUR 6 PERSONNES

300 g de haricots blancs secs (type cocos) | 300 g de foie gras cru | 1 bouquet garni | 2 tablettes de bouillon de volaille | 15 cl de crème liquide | 3 brins de cerfeuil | sel | poivre du moulin

LE BON ACCORD VIN

Un pessac-léognan blanc (vin du Bordelais)

Petits flans d'écrevisses, émulsion de foie gras

UN PEU DÉLICAT ET ABORDABLE

Préparation : 30 min | Cuisson : 40 min

1 Dans un faitout, portez à ébullition une grande quantité d'eau, ajoutez une poignée de gros sel, plongez-y les écrevisses, couvrez et faites cuire 2 à 3 min après la reprise de l'ébullition. Égouttez-les, puis décortiquez-les. Réservez-les au chaud.

2 Préchauffez le four à th. 6 (180 °C) et préparez un bain-marie en y installant un grand plat à moitié rempli d'eau. Hachez 12 queues d'écrevisses et réservez les autres. Fouettez les œufs et les 4 blancs avec le lait, le sel et le poivre, ajoutez les écrevisses hachées. Beurrez généreusement 6 ramequins de 6 cm de diamètre. Répartissez la préparation dans les moules. Faites-les cuire au bain-marie 35 min, puis gardez-les au chaud.

3 Préparez la sauce : coupez le foie gras en dés, pelez et râpez le gingembre. Diluez les tablettes de bouillon dans 1 l d'eau chaude. Faites réduire de moitié à feu vif, baissez le feu, ajoutez les dés de foie, le gingembre et la crème, mélangez. Hors du feu, mixez (au mixeur-plongeant) pour bien émulsionner la sauce.

4 Démoulez les flans. Trempez les queues d'écrevisses réservées dans la sauce au foie gras, répartissez sur les flans, entourez de sauce, parsemez de la ciboulette ciselée et servez.

INGRÉDIENTS POUR 6 PERSONNES

30 écrevisses vivantes | 4 œufs entiers + 4 blancs | 10 cl de lait entier | 30 g de beurre | 10 brins de ciboulette | sel | poivre blanc | Pour la sauce au foie gras : 125 g de foie gras mi-cuit | 2 tablettes de bouillon de volaille | 12,5 cl de crème liquide | 1 cm de racine de gingembre

LE BON ACCORD VIN

Un sancerre blanc (vallée de la Loire)

Petits flans à la truffe et au foie gras

UN PEU CHER MAIS FACILE

Préparation : 20 min | Cuisson : 30 min

1 Préchauffez le four à th. 6 (180 °C). Beurrez légèrement 6 ramequins et réservez-les au frais. Coupez le fois gras en dés. Détaillez la truffe en fines lamelles en réservant son jus.

2 Dans une jatte, battez légèrement les œufs avec la crème. Ajoutez les lamelles et le jus de truffe, salez, poivrez. Sortez les ramequins du réfrigérateur, répartissez-y les dés de foie gras, puis versez dessus la préparation à la truffe.

3 Posez les ramequins dans un plat à four à demi rempli d'eau chaude (pour les faire cuire au bain-marie). Enfournez pour 25 à 30 min, jusqu'à ce que les œufs soient juste pris. Servez chaud avec des mouillettes de pain de campagne toasté.

INGRÉDIENTS POUR 6 PERSONNES

6 œufs | 1 petite truffe en boîte ou en bocal | 100 g de foie gras en bocal | 20 g de beurre | 4 cuil. à soupe rases de crème épaisse | sel | poivre

LE BON ACCORD VIN

Un meursault (blanc de la Côte de Beaune)

Soufflés au foie gras

ASSEZ FACILE ET ABORDABLE

Préparation : 20 min | Cuisson : 20 min

1 Beurrez et farinez des ramequins de 8 à 10 cm de diamètre. Préchauffez le four à th. 7 (210 °C). Préparez une béchamel : faites fondre le reste de beurre dans une casserole. Dès qu'il mousse, saupoudrez du reste de farine et mélangez au fouet à main. Versez le lait sans cesser de remuer, sur feu doux, jusqu'à ce que la sauce épaississe. Salez et poivrez.

2 Cassez les œufs en séparant les blancs des jaunes. Hors du feu, ajoutez les jaunes et le foie gras coupé en dés dans la casserole, en remuant bien. Montez les blancs en neige très ferme. Incorporez-les délicatement à la préparation au foie gras en soulevant la masse avec une spatule.

3 Versez le mélange dans les moules, il ne doit pas dépasser les deux tiers de la hauteur. Enfournez, baissez le th. à 6 (180 °C) et faites cuire 20 min. Sortez les moules du four et servez.

LE CONSEIL DE CVF

Vous pouvez utiliser un grand moule, doublez juste le temps de cuisson : 20 min à th. 7 (210 °C) puis 20 min à th. 6 (180 °C).

INGRÉDIENTS POUR 4 PERSONNES

200 g de foie gras de canard cuit | 4 œufs | 50 g de beurre | 50 g de farine | 40 cl de lait | sel | poivre

LE BON ACCORD VIN

Un condrieu (blanc de la vallée du Rhône)

Tartelettes fines aux poires et foie gras

FACILE ET ABORDABLE

Préparation : 20 min | Cuisson : 20 min

1 Préchauffez le four à th. 7 (210 °C). Sortez la plaque du four et tapissez-la de papier sulfurisé. Étalez finement la pâte feuilletée sur le plan de travail fariné. Découpez-la en 6 carrés égaux. Disposez-les sur la plaque du four.

2 Pelez les poires, ôtez le cœur et les pépins et coupez la chair en très fines lamelles. Disposez-les sur les fonds de pâte. Parsemez de noisettes de beurre et enfournez pour 15 min.

3 Pendant ce temps, salez et poivrez les escalopes de foie gras. Faites-les cuire dans une poêle antiadhésive à feu vif 1 min de chaque côté. Égouttez-les sur du papier absorbant. Videz le gras de la poêle, versez-y le vinaigre. Déglacez la poêle en grattant les sucs de cuisson avec une cuillère en bois sur feu vif.

4 Sortez les tartelettes du four, déposez sur chacune une escalope de foie gras et arrosez-les d'un peu de jus de déglaçage. Parsemez de baies roses concassées et servez aussitôt.

INGRÉDIENTS POUR 6 PERSONNES

400 g de pâte feuilletée (fraîche ou surgelée) | 6 escalopes de foie gras cru (350 g) | 2 poires | 2 cuil. à soupe de vinaigre de cidre | 20 g de beurre | 20 g de farine | 1 cuil. à soupe de baies roses | sel | poivre

LE BON ACCORD VIN

Un sauternes (liquoreux du Bordelais)

Tourte de pintade au foie gras

FACILE ET ABORDABLE

Préparation : 40 min | Cuisson : 1h40

1 Épluchez les échalotes et laissez-les entières. Faites chauffer l'huile et le beurre dans une cocotte. Faites-y dorer la pintade et le morceau de porc à feu vif, sur toutes les faces. Baissez le feu, ajoutez dans la cocotte le vinaigre balsamique, le Noilly, les échalotes et le fond de volaille dilué dans 15 cl d'eau bouillante. Salez, poivrez, mélangez. Laissez mijoter 1h à couvert.

2 Passé ce temps, égouttez la pintade et coupez-la en morceaux en la désossant. Effilochez la chair dans un saladier ainsi que la viande de porc. Préchauffez le four à th. 7 (210 °C). Déroulez la pâte brisée et disposez-la avec son papier de cuisson dans un moule à manqué.

3 Répartissez sur la pâte les viandes effilochées, les échalotes égouttées, coupées en deux, et le foie gras détaillé en fines lamelles. Recouvrez avec la pâte feuilletée et pincez les bords des 2 pâtes pour les souder.

4 Faites un trou au centre de la tourte pour pratiquer une cheminée et maintenez-la avec une bande de papier d'aluminium (repliée plusieurs fois pour la rigidifier).

5 Badigeonnez le dessus de jaune d'œuf battu et enfournez-la pour 30 min environ. Au dernier moment, réchauffez la sauce onctueuse de la cocotte, mettez en saucière et servez avec la tourte très chaude.

INGRÉDIENTS POUR 6 PERSONNES

1 pintade fermière | 400 g d'échine de porc désossée | 400 g d'échalotes longues | 200 g de bloc de foie gras en boîte | 1 rouleau de pâte brisée | 1 rouleau de pâte feuilletée | 10 cl de Noilly Prat | 2 cuil. à soupe de vinaigre balsamique | 30 g de beurre | 1 cuil. à soupe d'huile | 1 cuil. à soupe de fond de volaille en poudre | 1 jaune d'œuf | sel | poivre

LE BON ACCORD VIN

Un côtes-du-roussillon rouge

Gâteau de topinambours et foie gras à la truffe

UN PEU DÉLICAT ET UN PEU CHER

Préparation : 30 min | Cuisson : 30 min

1 Pelez, lavez et essuyez les pommes de terre. Coupez-les en fines rondelles. Épluchez les topinambours, taillez-les en rondelles de 2 mm d'épaisseur. Émiettez les tablettes de volaille dans environ 1 l d'eau bouillante et laissez réduire 10 min. Plongez alors les rondelles de topinambour et de pomme de terre 5 min dans le bouillon. Égouttez-les sur un linge, assaisonnez-les, et réservez 10 cl de bouillon.

2 Détaillez la truffe en fines tranches. Détaillez le foie gras en lamelles (réservez-en 20 g pour la sauce), assaisonnez de sel, de poivre et de muscade. Préchauffez le four à th. 5-6 (160 °C). Beurrez un moule puis tapissez-le de papier sulfurisé. Disposez la moitié des rondelles de topinambour et de pomme de terre en les faisant se chevaucher. Posez dessus les lamelles de truffe et de foie gras, terminez par le reste des légumes. Couvrez d'une feuille d'aluminium beurrée et pressez uniformément à la main. Faites cuire 20 min au four dans un bain-marie.

3 Pendant ce temps, préparez une vinaigrette tiède : dans une casserole, mélangez le vinaigre avec une pincée de sel. Ajoutez l'huile, 10 cl du bouillon de volaille et les 20 g de foie gras écrasé. Poivrez et faites chauffer doucement en fouettant jusqu'à obtenir un mélange homogène. Au moment de servir, démoulez le gâteau, décorez-le de cerfeuil et arrosez de vinaigrette tiède.

INGRÉDIENTS POUR 6 À 8 PERSONNES

600 g de topinambours | 2 belles pommes de terre type BF 15 | 200 g de foie gras de canard mi-cuit | 1 truffe fraîche (40 g) | 4 tablettes de bouillon de volaille | 20 g de beurre | 3 cuil. à soupe d'huile de noix | ½ cuil. à soupe de vinaigre de xérès | 8 brins de cerfeuil | 1 pincée de noix muscade râpée | sel | poivre

LE BON ACCORD VIN

Un côte-de-nuits-villages

Orechiette aux artichauts

FACILE ET BON MARCHÉ

Préparation : 10 min | Cuisson : 20 min

1 Plongez les fonds d'artichaut dans une casserole d'eau bouillante salée, laissez-les cuire 10 min environ.

2 Dans le même temps, faites bouillir de l'eau salée dans un faitout. Plongez-y les orecchiette et laissez cuire à gros bouillons pendant 11 min. Détaillez le foie gras bien froid en fines lamelles.

3 Égouttez les fonds d'artichaut, coupez-les en tranches. Égouttez les pâtes et versez-les dans un saladier préchauffé, ajoutez aussitôt le beurre, mélangez, salez, poivrez, puis incorporez délicatement les tranches d'artichaut.

4 Répartissez les pâtes dans des bols, parsemez de lamelles de foie gras et de quelques pousses d'épinards, servez aussitôt.

INGRÉDIENTS POUR 6 PERSONNES

6 fonds d'artichaut surgelés | 600 g de pâtes courtes type orechiette | quelques petites feuilles d'épinards | 150 g de foie gras en bocal (très froid) | 50 g de beurre | sel | poivre

LE BON ACCORD VIN

Un pinot blanc ou un muscat d'Alsace

Lasagnes aux cèpes, sauce foie gras

FACILE ET UN PEU CHER

Préparation : 40 min | Cuisson : 35 min

1 Émincez le jambon. Nettoyez et hachez les champignons de Paris. Effeuillez et ciselez le persil. Épluchez le céleri et coupez-le en bâtonnets. Faites-les blanchir 10 min dans de l'eau bouillante salée. Égouttez-les.

2 Faites pocher les feuilles de lasagnes 3 min dans de l'eau bouillante salée, égouttez-les et posez-les sur un torchon étalé. Préchauffez le four à th. 7 (210 °C).

3 Dans un saladier, mixez la crème et le foie gras coupé en morceaux à l'aide d'un mixeur-plongeant. Salez et poivrez.

4 Faites sauter tous les champignons au beurre dans une poêle à feu vif en remuant, jusqu'à ce qu'il n'y ait plus d'eau. Salez, poivrez, ajoutez le persil. Dans un saladier, mélangez les champignons, le jambon et le céleri.

5 Tapissez un plat à four de lasagnes, couvrez de farce au jambon, nappez d'un peu de sauce et recommencez jusqu'à épuisement des ingrédients. Terminez par des lasagnes. Saupoudrez de parmesan et enfournez pour 20 min. Servez très chaud.

INGRÉDIENTS POUR 6 PERSONNES

1 paquet de lasagnes | 400 g de jambon de Paris | 250 g de céleri-rave | 1 kg de champignons de Paris | 300 g de cèpes surgelés émincés | 200 g de mousse de foie gras | 30 g de beurre | 50 cl de crème liquide | 80 g de parmesan râpé | 1 bouquet de persil plat | sel | poivre

LE BON ACCORD VIN

Un pommard (vin rouge de Bourgogne)

Fine galette de foie gras et champignons de Paris

DÉLICAT ET ABORDABLE

Préparation : 50 min | Marinade : 3 h | Cuisson : 30 min

1 Faites mariner le foie gras dans le verjus 3 h au réfrigérateur. Préchauffez le four à th. 5-6 (160 °C). Lavez l'orange et râpez finement son zeste. Lavez les champignons. Éliminez les pieds et émincez très finement les têtes. Mélangez le jus de citron, l'huile, le zeste d'orange, salez et poivrez. Versez cette sauce sur les champignons, remuez et réservez au frais.

2 Superposez les feuilles de brick, découpez un cercle de 16 cm de diamètre. Jetez les chutes. Faites fondre le beurre à feu doux dans une casserole, ajoutez le sirop d'érable et remuez. Badigeonnez de beurre au sirop les deux côtés des disques de brick au pinceau. Superposez les disques 2 par 2.

3 Faites-les cuire au four entre deux plaques pour éviter qu'ils ne frisent, environ 10 min (procédez en 3 fois). Laissez refroidir les trois doubles disques sur une grille. Égouttez le foie gras. Découpez-le en très fines escalopes. Salez-les et poivrez-les.

4 Montez la galette : posez sur un plat un double disque, alternez une couche de champignons et une couche de lamelles de foie gras. Répétez l'opération puis terminez par le dernier double disque. Découpez la galette en quatre (au couteau électrique de préférence). Servez aussitôt avec la marmelade de citron.

LE CONSEIL DE CVF

À défaut de verjus, vous pouvez le remplacer par un mélange de vin blanc sec et de vinaigre de cidre.

INGRÉDIENTS POUR 4 PERSONNES

300 g de foie gras de canard cru | 1 l de verjus | 6 feuilles de brick | 20 g de beurre | 4 cuil. à soupe de sirop d'érable | 12 très gros champignons de Paris | le jus de 1 citron | 1 orange bio | 10 cl d'huile de noisette | 3 cuil. à soupe de marmelade de citron | sel | poivre

LE BON ACCORD VIN

Un chardonnay moelleux

Pommes soufflées au foie gras

UN PEU DÉLICAT ET ABORDABLE

Préparation : 35 min | Cuisson : 30 min

1 Préchauffez le four à th. 7 (210 °C). Rincez et essorez les épinards. Garnissez-en 6 assiettes, salez, poivrez et réservez-les. Rincez et essuyez les pommes. Coupez la base pour qu'elles soient stables et coupez des chapeaux aux deux tiers. Posez-les dans un plat à four, enfournez pour 20 min.

2 La cuisson terminée, laissez refroidir les pommes avant de les évider à l'aide d'une petite cuillère. Découpez le foie gras en dés, salez-les et poivrez-les. Faites chauffer une poêle à fond épais et mettez les dés de foie à cuire 30 s en remuant délicatement.

3 Dans une casserole, portez à ébullition la crème liquide, ajoutez la moitié du foie gras et la moitié de l'armagnac. Retirez du feu, rectifiez l'assaisonnement et mixez (au blender ou au mixeur-plongeant) pour obtenir une préparation lisse. Laissez refroidir.

4 Cassez les œufs en séparant les blancs des jaunes. Montez les blancs en neige ferme avec une pincée de sel. Incorporez les jaunes à la crème au foie gras refroidie puis, délicatement, les blancs en neige. Garnissez l'intérieur de chaque pomme avec le reste de dés de foie gras puis recouvrez-les de la préparation aux œufs. Enfournez pour 8 min.

5 Pendant ce temps, dans une casserole, faites réduire de moitié sur feu vif le porto avec le reste d'armagnac. Sortez les pommes soufflées du four, rangez-les sur les assiettes garnies d'épinard, entourez d'un cordon de porto réduit et servez aussitôt.

INGRÉDIENTS POUR 6 PERSONNES

6 pommes Golden | 120 g de foie gras cru | 2 œufs | 10 cl de crème liquide | 1 poignée de jeunes pousses d'épinard | 20 cl de porto rouge | 3 cuil. à soupe d'armagnac | sel | poivre

LE BON ACCORD VIN

Un pinot gris d'Alsace

Jarret de porc au foie gras

ASSEZ FACILE ET ABORDABLE

Préparation : 15 min | Cuisson : 2 h | Repos : 30 min + 24 h

1 Pelez la carotte et l'oignon, coupez-les en morceaux. Mettez-les dans un faitout avec le jarret de porc et le bouquet garni. Salez, poivrez, couvrez largement d'eau froide et portez à ébullition. Écumez, puis réglez le feu pour que le liquide frémisse 2 h.

2 Passé ce temps, éteignez le feu et laissez le jarret tiédir dans le bouillon pendant environ 30 min. Égouttez le jarret tiède, ouvrez-le sur la hauteur d'un seul côté et désossez-le.

3 Posez-le ensuite sur le plan de travail tapissé d'une feuille de film étirable. Salez et poivrez-le à l'extérieur comme à l'intérieur, répartissez le foie gras à l'intérieur, refermez le jarret et emballez-le bien serré dans le film étirable. Rangez le jarret pour 24 h au réfrigérateur.

4 Pour servir, déballez le jarret et coupez-le en tranches un peu épaisses. Servez-le avec une salade de lentilles tièdes.

LE CONSEIL DE CVF

Les bouchers n'ont pas toujours de jarret arrière sur leur étal. Pensez à le commander et demandez au boucher de vous laisser la couenne.

INGRÉDIENTS POUR 6 PERSONNES

1 jarret de porc de 600 g | 200 g de foie gras de canard mi-cuit | 1 carotte | 1 oignon | 1 bouquet garni | sel | poivre

LE BON ACCORD VIN

Un saint-estèphe

Terrine de foie gras

UN PEU DÉLICAT ET ABORDABLE

Préparation : 30 min | Marinade : 12 h | Cuisson : 50 min | Repos : 1 h + 6 h + 3 jours

LE BON ACCORD VIN

Un sauternes (liquoreux du bordelais)

INGRÉDIENTS POUR 8 À 10 PERSONNES

2 foies gras crus de canard d'environ 500 g chacun | 1 cuil. à soupe de porto rouge | 1 cuil. à soupe d'armagnac | 1 cuil. à café rase de sucre | 1 pincée de noix muscade râpée | 2 pincées de quatre-épices | ¼ de cuil. à café de poivre blanc en poudre | 15 g de sel fin

1 Faites dégorger les foies 1 h dans de l'eau tiède. Égouttez-les. Séparez à la main le petit lobe du gros pour chaque foie. Posez un lobe côté lisse sur une planche et incisez-le au centre sur toute la longueur, sur 1 cm d'épaisseur. Du bout des doigts, écartez la chair, soulevez le réseau de nerfs et de veines avec un couteau et retirez-les. Dénervez tous les lobes.

2 Disposez les lobes dans un large plat. Mélangez le sel, le sucre, les épices et le poivre. Poudrez-en les lobes. Mélangez les 2 alcools. Versez-les en filet sur les lobes. Retournez-les. Couvrez le plat de film alimentaire et réservez 12 h au frais, en retournant les lobes une fois.

3 Sortez le plat du réfrigérateur 1 h avant la cuisson. Préchauffez le four à th. 5 (150 °C). Placez un gros lobe et un petit lobe dans une terrine ovale de 24 cm. Recouvrez-les avec les 2 autres lobes, côté lisse au-dessus. Enfournez un plat à four à demi rempli d'eau. Quand l'eau est à 70 °C, placez la terrine sans couvrir dans le plat. Laissez cuire 50 min (surveillez la température).

4 Sortez la terrine, laissez-la tiédir, jetez un peu de gras de cuisson, placez dessus une planchette aux dimensions de votre terrine, couvrez, lestez avec des poids et mettez au frais 6 h. Ôtez alors les poids et mettez au moins 3 jours au frais.

Pot-au-feu de foie gras

CHER MAIS FACILE
Préparation : 30 min | Réfrigération : 35 min
LE BON ACCORD VIN
Un vin de pays d'Oc blanc

INGRÉDIENTS POUR 8 PERSONNES
2 foies gras de canard crus de 400 g chacun | 16 petites carottes | 8 petits navets | 800 g de haricots verts extrafins | 8 blancs de poireaux | 16 oignons grelots | 800 g de girolles fraîches (à défaut, en conserve ou surgelées) | 15 cl de jus de truffe (facultatif) | 40 g de beurre | 3 tablettes de bouillon de volaille | poivre concassé | fleur de sel | sel fin (à raison de 12 g par kg de foie)

1 Pelez les oignons, les carottes et les navets, tronçonnez les plus gros. Effilez les haricots, nettoyez les poireaux. Faites bouillir 2 l d'eau avec les tablettes de bouillon. Plongez-y 15 min les carottes et les navets, 10 min les haricots, les poireaux et les oignons. Égouttez les légumes (réservez le bouillon au chaud) et passez-les sous l'eau très froide pour qu'ils restent croquants. Coupez la base du pied des girolles.

2 Maintenez les légumes au chaud. Sortez les foies du réfrigérateur un peu à l'avance. Dénervez-les grossièrement en les abîmant le moins possible. Posez chaque foie sur du film alimentaire. Salez-les de tous côtés et faites couler un peu de jus de truffe entre les lobes. Refermez le film bien serré sur les foies, pour les comprimer et leur donner une forme régulière. Faites-les pocher 20 min dans le bouillon frémissant.

3 À l'aide d'un pinceau, éliminez les impuretés sur et sous les girolles. Si elles sont en conserve, épongez-les dans un linge. Faites-les sauter au beurre dans une poêle à feu vif, le temps qu'elles éliminent leur eau. Salez, poivrez. Baissez le feu et laissez mijoter. Égouttez les foies, déballez-les. Posez-les sur un plat avec les légumes. Ajoutez les girolles, parsemez de poivre et de fleur de sel et servez.

5 recettes de foie gras en accompagnement

NEMS DE FOIE GRAS AU PAIN D'ÉPICE

Pour 6 personnes

Coupez 6 tranches de pain d'épice en tout petits dés et 250 g de foie gras cru en cubes. Posez 6 feuilles de brick sur le plan de travail. Formez au centre de chacune un boudin avec du pain d'épice, du foie gras et un peu de roquette, salez, poivrez. Roulez sans serrer et rabattez-les. Préparez ainsi 6 rouleaux. Mélangez 2 cuil. à soupe de miel et 3 cuil. à soupe de vinaigre balsamique. Faites cuire les rouleaux 5 min à la graisse de canard dans une poêle. Servez-les très chauds, nappés de sauce au miel.

TAGLIATELLES AU FOIE GRAS

Pour 4 personnes

Faites cuire 10 min à l'eau bouillante salée 500 g de tagliatelles. Faites chauffer sur feu doux 25 cl de crème dans une petite casserole. Ajoutez-y 200 g de foie gras cru coupé en dés. Mélangez, assaisonnez de sel, poivre et noix muscade. Mixez et réservez au chaud. Détaillez 150 g de foie gras mi-cuit en dés et émincez 1 truffe. Égouttez les pâtes, mettez-les dans un plat de service, arrosez aussitôt de crème au foie gras, mélangez. Parsemez de dés de foie gras et de truffe et servez.

HUÎTRES AU FOIE GRAS

Pour 4 personnes

Ouvrez 12 huîtres spéciales n°2 et décoquillez-les. Déposez chaque huître dans une cuillère en porcelaine ou remettez-les dans leurs coquilles. Découpez 250 g de foie de canard cru en 12 fines lamelles et saisissez-les des 2 côtés quelques secondes dans une poêle antiadhésive. Déposez les lamelles de foie gras sur les huîtres, saupoudrez de fleur de sel, poivrez, décorez d'amandes effilées grillées et servez.

MUFFINS AU FOIE GRAS ET AUX CHÂTAIGNES

Pour 6 personnes

Hachez grossièrement 180 g de châtaignes au naturel. Détaillez 180 g de foie gras mi-cuit (en bocal) en cubes (réservez sa graisse). Dans un saladier, réunissez 180 g de farine, 1 sachet de levure chimique, 30 g de lait en poudre entier et 3 cuil. à soupe d'huile d'olive. Versez 15 cl d'eau et mélangez au fouet à main pour obtenir une pâte homogène. Incorporez délicatement les châtaignes et le foie gras, poivrez. Répartissez dans des moules à muffins (graissés avec la graisse du foie réservée) et mettez 45 min au réfrigérateur. Préchauffez le four à th. 6 (180 °C). Enfournez les muffins pour 25 min jusqu'à ce qu'ils soient dorés. Laissez refroidir.

SAUCE AU FOIE GRAS

Pour 6 personnes

Dans le bol d'un robot, mettez 200 g de foie gras cru, 2 jaunes d'œufs et 25 cl de crème liquide. Mixez pour obtenir une crème homogène. Versez-la dans une casserole avec 20 cl de bouillon de volaille et quelques gouttes de jus de citron. Mélangez, salez, poivrez et réservez sur feu doux.

5 recettes express de foie gras poêlé

ESCALOPES DE FOIE GRAS AU RAISIN

Pour 6 personnes

Coupez 1 foie gras cru (400 g) en 6 escalopes. Rincez, épongez 1 grappe de raisin blanc. Faites cuire les escalopes 1 à 2 min par face dans une poêle à sec. Réservez-les dans un plat chaud couvert d'aluminium. Versez 10 cl de porto et 10 cl de vinaigre balsamique dans la poêle, faites réduire sur feu vif 2 à 3 min. Ajoutez le raisin et prolongez la cuisson 1 min. Disposez les escalopes dans des assiettes, salez et poivrez. Entourez de raisin et de sauce et servez.

VERRINES DE FOIE GRAS POÊLÉ AUX PÊCHES

Pour 6 personnes

Coupez 1 foie gras cru (400 g) en gros dés. Salez-les, poivrez-les et roulez-les dans 2 cuil. à soupe de Maïzena. Coupez 6 oreillons de pêches en dés et faites-les revenir 5 min dans une poêle avec 30 g de beurre salé. Faites cuire à blanc les dés de foie gras 2 min. Répartissez les pêches dans de petites verrines, ajoutez les dés de foie gras, décorez de pluches de cerfeuil et servez sans attendre.

FOIE GRAS POÊLÉ AUX CLÉMENTINES

Pour 4 personnes

Coupez 1 foie gras cru de 500 g en huit belles escalopes, salez-les et poivrez-les. Saisissez-les quelques secondes dans une poêle chaude à sec, retournez-les sans les piquer. Réservez-les au chaud. Pressez le jus de 4 clémentines, versez-le dans la poêle, faites réduire sur feu vif. Ajoutez les quartiers de 4 autres clémentines pelées à vif, faites chauffer à feu moyen 2 min, ajoutez 1 cuil. à soupe de vinaigre de xérès, retirez du feu. Servez le foie gras chaud avec les clémentines et leur jus.

BRUSCHETTA DE FOIE GRAS POÊLÉ À LA CONFITURE D'OIGNONS

Pour 6 personnes

Coupez 1 baguette en 3 tronçons et recoupez-les en deux comme pour un sandwich. Frottez-les avec de l'ail et faites-les griller à l'huile d'olive dans une poêle 3 à 4 min sur chaque face. Faites revenir 500 g de foie gras cru coupé en dés dans une poêle à sec 2 min. Tartinez le pain de 1 pot de confiture d'oignons et répartissez dessus les dés de foie gras. Saupoudrez de gingembre et servez.

PANNA COTTA DE FOIE GRAS POÊLÉ

Pour 6 personnes

Faites revenir 500 g de foie gras cru en dés à sec dans une poêle pendant 2 min. Mixez-les avec 20 cl de crème liquide. Dans une casserole, faites chauffer cette préparation et incorporez ½ sachet de gélatine en poudre, du sel, du poivre en remuant bien. Répartissez la préparation dans 6 ramequins et placez au réfrigérateur pour 2 h au minimum avant de servir.

Index

Crédits

PHOTOGRAPHIES

Christine Fleurent (p. 95) | Valéry Guedes (p. 17) | Francis Hammond (couv., p. 19) | Alain Muriot (p. 51, 61) | Loïc Nicoloso (p. 27, 41, 43) | Laurent Rouvrais (p. 5, 9, 13, 23, 25, 31, 33, 37, 45, 49, 55, 57, 59) | Pierre-Louis Viel (p. 7, 21, 35, 47, 53) | Bernard Winkelmann (p. 11, 29, 39, 60).

REMERCIEMENTS

Martine Albertin | Irène Karsenty | Valérie Lhomme | Pascale Mosnier | Karine Valentin pour ses accords vins.

Collection CUISINE ET VINS DE FRANCE
Un magazine publié par Marie Claire Album
Directrice de la rédaction : Irène Karsenty
Direction artistique : Francis Seguin
Assistante de la rédaction : Rachel Lerisse

Direction d'édition : Thierry Lamarre
Édition : Adeline Lobut
Réalisation : Guillaume Dubois
Assistante : Marie Lecocq
Recherche iconographique : Sylvie Creusy
Correction-révision : Isabelle Misery
Conception graphique et mise en pages : Either Studio
Conception couverture : Either Studio

Éditions Marie Claire
Publiées par Société d'Information et de Créations - SIC
Une société de Marie Claire Album
10, bd des Frères-Voisin 92792 Issy-Les-Moulineaux
CEDEX 9 - France
Tél. 01 41 46 88 88
R.C.S. Nanterre 302 114 509
S.A.R.L. au capital de 3 822 000 euros

ISBN : 978-2-84831-410-5
N° Éditeur : 38369
Imprimé par G. Canale & C., Turin, Italie
Dépôt légal : septembre 2011

www.editionsmarieclaire.com